Lilli und Billi reisen ans Bergmeer

oder

Der Glaube kann Berge versetzen

Text und Illustrationen: Michaela Florian
CD – Produktion: DI Horst D. Florian

Learn a lot for life
1. Auflage 2004
ISBN 3-900248-70-2
©Copyright 2004 by Michaela Florian
Vertrieb: DI Horst D. Florian
Druck: Gorenjski Tisk, Kranj
Layout: Bathouse Concepts, Graz
Sprecher: Michael Tala, Christine Andritsch

www.bathouse.net   www.tala.at   www.sunshine-events.com

Alle Urheberrechte, insbesondere das Recht der Vervielfältigung, Verbreitung und öffentlichen Wiedergabe in jeder Form, einschließlich einer Verwertung in elektronischen Medien, der reprografischen Vervielfältigung, einer digitalen Verbreitung und der Aufnahme in Datenbanken ausdrücklich vorbehalten.

Heute erzähle ich euch von einem kleinen Mädchen. Ihr Name ist Lilli.
Eigentlich ist sie ja gar nicht so klein. Sie ist sicher um einen halben Kopf größer als ihr Freund Billi.

Und beide sind gerade sechs Jahre alt geworden.

Lilli ist wie die drei Ls in ihrem Namen.
Sie ist lang, lustig und laut.
Ihre Beine sind Spaghetti mit Kniescheiben und ihre Arme sehen aus wie die eines Weberknechts.
Ihr kennt ja dieses Ding, das an Hauswänden hochklettert und allen Mädchen Angst macht.
Dabei ist es ein wirklich nützliches Tier und tut niemandem etwas.

Nun aber zu Lillis Kopf: zwei lustig leuchtende grüne Augen, eine Stupsnase und ein so großer Mund, dass leicht doppelt so viele Zähne darin Platz hätten.
Dieser Mund muss ja auch groß sein, denn ich weiß nicht, ob ein kleiner Mund so viel, so schnell und so laut plappern könnte.
Die Sommersprossen auf ihrer Stupsnase passen richtig gut zu ihren hellroten Haaren.

Das Besondere an Lillis Haaren ist jedoch, dass es so viele sind.
Sie kann immer vier dicke Zöpfe daraus flechten.
Und dies ist auch das Besondere an Lilli. Sie macht, was ihr gefällt.

Ihre Mami ist manchmal anderer Meinung.
Oft schon wollte sie der kleinen Lilli einen hübschen Kurzhaarschnitt verpassen.
Das Frisieren einer solchen Mähne ist ja nicht immer ein Vergnügen.

Lilli besteht jeden Morgen auf ihre vier Zöpfe.
Lilli findet es auch lustig, ihren Haarbüscheln Namen zu geben.
Mit einem breiten Grinsen fordert sie ihre Mami sicher ein Mal pro Tag auf, ihr Mimmi, Timmi, Jimmi oder Kimmi neu zu flechten.
„Mami, Mami, der Jimmi ist aufgegangen!" Mit viel Glück kann Lillis Mami dann erahnen, welcher Zopf jetzt Jimmi ist. Denn merken kann sich dies nur Lilli.

Nein, halt! Da gibt es ja noch Billi, Lillis besten Freund. Er weiß natürlich, dass rechts oben Mimmi, links oben Timmi, rechts unten Jimmi und links unten Kimmi ist.
Er hat auch einen ganzen Tag lang geübt: „Mimmi – Timmi, Jimmi – Kimmi" und wieder „Mimmi – Timmi, Jimmi – Kimmi" und wieder und wieder.
Billis Eltern glaubten schon, irgendetwas sei nicht ganz in Ordnung mit Billi. „Mimmi – Timmi, Jimmi – Kimmi" und dazu machte er eine ganz eigene Handbewegung. Und wieder und wieder – bis er es wirklich nicht mehr vergessen konnte.

Über Billi habe ich euch ja noch nicht wirklich viel erzählt.
Im ersten Moment glaubt man, es gibt auch nicht viel zu erzählen.
Billi ist ein richtig gemütlicher Junge.
Dabei ist Billi wirklich nicht langweilig. Wenn man ganz genau in seine dunkelbraunen Augen blickt, sieht man dieses richtige Lausbubenglitzern.

Immer wieder hat er neue Ideen, wie man so ein Kinderleben spannender machen könnte.

Ich weiß nicht, wie oft seine Mami einen quakenden Frosch aus einer seiner Hosentaschen gezogen hat.
Der darauf folgende Schreianfall seiner Mutter störte Billi nicht wirklich.

Manchmal strich er sich ein bisschen verlegen mit der Hand durch seine Stoppelfrisur und presste ein „Ich mach's nicht wieder, tschuldigung" zwischen seinen Lippen hervor. Doch sobald ihn wieder so ein Untier anlachte, war all das vergessen. Schwupsdiwupps landete dieses Tier wieder in einer seiner tausend Taschen.

Billi ist aber auch eitel.
Seine sonnengebleichten blonden Haare brauchen immer ein bisschen Gel.
So lenken die Haare ein wenig von seinen abstehenden Ohren ab, obwohl Billi mit den Ohren recht zufrieden ist.
Denn er ist der Einzige von seinen Freunden, der mit seinen Ohren wackeln kann.

Sollte Lilli nicht so gut gelaunt sein, so braucht Billi nur mit seinen großen Ohren zu wackeln und Lilli beginnt lauthals zu lachen.
Schlimm wird es nur, wenn sie dann einen Lachkrampf bekommt. Denn dann kann man Lilli für lange Zeit nicht mehr ansprechen.
Deshalb verwendet Billi dieses Lachrezept nur für Notfälle.

Lilli und Billi gehen natürlich auch in denselben Kindergarten. Sie sind wirklich gute Freunde. Kaum jemand kennt Billi ohne Lilli. Und auch Lilli ohne Billi gibt es ganz selten. Das letzte Jahr im Kindergarten ist bald vorbei. Die beiden machen sich auch Gedanken über die Ferien.
Sie wollen auf alle Fälle den Urlaub gemeinsam verbringen. Doch da gibt es eine Sache, die noch aus dem Weg geräumt werden müsste: Billis Eltern wollen in die Berge und Lillis unbedingt ans große weite Meer.

Lilli und Billi überlegen lange. Plötzlich stößt Billi einen lauten Schrei aus.
„Ich hab's, ich hab's. Wir schieben einfach den Berg zum Meer."

„Aber wir sind doch viel zu klein, um einen ganzen Berg zu verschieben", wirft Lilli ein.
„Das stimmt nicht – meine Mami sagt immer: Der Glaube kann Berge versetzen, also können wir es sicher auch."

„Aber vielleicht ist Glaube ein Riese", erwidert Lilli und springt in die Höhe, dass ihre vier Zöpfe nur so fliegen.
„Ein Riese? Davon hat meine Mami nichts erzählt."
„Vielleicht sollten wir einfach Glaube bitten, uns zu helfen."
„Gute Idee! – Aber Mami hat mir auch nicht erzählt, wo Glaube wohnt", überlegt Billi.
„Vermutlich wird er in den Bergen wohnen. Er braucht sicher jeden Tag ein paar große Steine, an denen er trainieren kann. Denn wie sollte er es sonst schaffen, einen sooo großen Berg zu verschieben?"
„Übung macht den Meister", meint Lilli. „Das höre ich ständig von meinen Eltern!"

„Aber wo sollen wir beginnen, ihn zu suchen? – Als wir letztes Jahr bergsteigen waren, habe ich nichts von einem Glaube gehört. Und wir waren wirklich lange auf diesem Berg.
Wir haben auch viele Wanderer getroffen. Den Flo, die Nina, den Joe, die Hannah und keiner hat uns etwas von einem Riesen namens Glaube berichtet. Vom Yeti haben sie erzählt, aber der kann sicher keine Steine verschieben. Der ist viel zu weiß dafür."
„Warum zu weiß?", will Lilli lautstark wissen.
„Ist doch ganz klar – oder darfst du in deinen weißen Hosen mit Steinen spielen?"
„Du hast ja Recht. – Ja aber wo könnten wir ihn sonst finden? Kennst du noch andere Berge?"
„Ja, sogar sehr viele."

**Da wird Billi sehr nachdenklich. Seine sonst so funkelnden Augen sehen ganz traurig aus.
"Wir wissen ja nicht einmal, wie Glaube aussieht. Wie können wir ihn je finden, ohne zu wissen, welche Hautfarbe, welche Haarfarbe, welche Augenfarbe er hat?"**

**"Er hat sicher ganz große Hände und ganz dicke Arme.
Denn stark muss er ja sein.
Aber sonst fällt mir auch nichts ein.
Wir sollten einfach die Eltern fragen", schlägt Lilli vor.**

So machen sich die beiden Freunde auf, um ihre Eltern zu befragen.
„Mami, kannst du mir sagen, wo Glaube wohnt und wie er aussieht?"
Doch Billis Mutter wusste nicht wovon er sprach, und schickte ihn zum Vater.
Aber auch Billis Vater konnte ihm nicht weiterhelfen.

So versuchte es Lilli bei ihren Eltern. Die müssen es ja wissen! „Papi, du musst mir sagen, wie Glaube aussieht und wo er wohnt. Wir müssen unbedingt einen Berg verschieben."
Lillis Vater schaute etwas verdutzt. „Ich verstehe dich nicht ganz, meine süße Lilli. Einen Berg verschieben? Wer hat dir denn so etwas erzählt? Und wozu? – Ist es nicht gut so, wie es ist?"
Da packte Lilli mit ihrer Geschichte aus. Sie wollte mit Billi unbedingt gemeinsam die Ferien verbringen.
„Und so sind wir auf die Idee gekommen, den Berg ans Meer zu schieben."

Da begann Lillis Vater herzhaft zu lachen. Man glaubte, tausend Lachsäcke gingen zugleich los.
Lilli fand dies gar nicht komisch. Schließlich hing ihr ganzes Ferienglück an diesem Vorhaben.
Nachdem sich Vater beruhigt hatte, fing er an, Lilli zu erklären, dass der Glaube nicht wirklich einen Berg an einen anderen Ort bringt. Aber wenn man an etwas wirklich glaubt, kann man alles erreichen.
Manchmal braucht man nur ein bisschen Ausdauer und Mut.

**Und so haben es die zwei kleinen Freunde erreicht, dass die Hälfte der Ferien am Meer und die zweite Hälfte in den Bergen verbracht wurde.
Die spannenden Abenteuer dieser Ferien werde ich euch in der nächsten Geschichte erzählen.
Aber das Besondere an dieser Geschichte ist:**

Auch kleine Leute können Berge versetzen!!!

Für den kleinen Schlaukopf

1. Kannst du dich erinnern, wie die beiden Freunde heißen?
2. Was ist an Lilli besonders lustig?
3. Kannst du mir sagen, wie Billi aussieht?
4. Wie nennt Lilli ihre Zöpfe?
5. Welches Lachrezept hat Billi, wenn Lilli nicht so gut gelaunt ist?
6. Wer von den Eltern möchte die Ferien am Meer verbringen?
7. Wer von den Eltern möchte die Ferien in den Bergen verbringen?
8. Wie wollen Lilli und Billi die Ferien verbringen?
9. Lilli und Billi haben eine Idee – welche?
10. Was denkst du: „Wer kann Berge versetzen?"
11. Wie denken Lilli und Billi, dass Glaube aussieht?
12. Wovon haben die Wanderer erzählt: vom Riesen oder vom Yeti?
13. Was denkst du, wie der Yeti aussieht?
14. Was wollen Lilli und Billi von ihren Eltern wissen?
15. Als Lillis Vater zu lachen begann, glaubte man, …?
16. Der Glaube kann Berge versetzen. Was ist damit gemeint?
17. Was haben die beiden Freunde erreicht?
18. Was ist das Besondere an dieser Geschichte?

Du hast sicher alles gewusst ...

1. Die beiden Freunde heißen Lilli und Billi.
2. Die vier Zöpfe sind an Lilli besonders lustig.
3. Billi ist nicht besonders groß, hat braune Augen, eine blonde Stoppelfrisur und große abstehende Ohren.
4. Lilli nennt ihre Zöpfe: Mimmi, Timmi, Jimmi und Kimmi.
5. Wenn Lilli nicht gut gelaunt ist, braucht er nur mit seinen Ohren wackeln.
6. Die Eltern von Lilli wollen die Ferien am Meer verbringen.
7. Die Eltern von Billi wollen die Ferien in den Bergen verbringen.
8. Die beiden wollen die Ferien gemeinsam verbringen.
9. Lilli und Billi wollen den Berg ans Meer schieben.
10. Der Glaube kann Berge versetzen.
11. Lilli und Billi denken, dass Glaube ein Riese ist.
12. Die Wanderer haben vom Yeti erzählt.
13. Der Yeti ist groß und ganz weiß.
14. Die beiden wollen wissen, wie Glaube aussieht und wo er wohnt.
15. Man glaubte, tausend Lachsäcke gingen los.
16. Dieses Sprichwort meint: Man kann alles erreichen, wenn man fest daran glaubt, ein wenig Mut und Ausdauer hat.
17. Lilli und Billi haben es erreicht, dass sie die Ferien gemeinsam verbringen konnten.
18. Das Besondere an dieser Geschichte ist, dass auch kleine Leute Berge versetzen können.

1. Ansage: 1. Schulstufe

Mami   Lilli   Billi   Mimmi (Mimi)   Timmi (Timi)   Jimmi   Kimmi

Lilli ist lang.
Lilli ist lustig.
Lilli ist laut.

2. Ansage: 1. Schulstufe

Lilli hat grüne Augen.
Lilli hat einen großen Mund.
Lilli und Billi sind gute Freunde.
Billi hat braune Augen.
Billi ist nicht langweilig.

1. Ansage: 2. Schulstufe

Die Hose von Billi hat viele Taschen.
Die Haare von Billi sind blond.
Billi hat große Ohren.
Er kann mit seinen Ohren wackeln.
Die Ferien sind da.

2. Ansage: 2. Schulstufe

Lillis Eltern wollen zum Meer fahren.
Die Kinder wollen den Berg ans Meer schieben.
Der Glaube kann Berge versetzen.
Ist Glaube ein Riese?
Wo wohnt Glaube?

3. Ansage: 2. Schulstufe

Er ist sicher stark.
Wir fragen die Eltern.
Der Vater von Lilli beginnt zu lachen.
Er erklärt das Sprichwort.
Du kannst alles schaffen
Auch kleine Leute können Berge versetzen.

1. Ansage: 3. Schulstufe

Lilli und Billi sind sehr gute Freunde.
Lilli ist einen halben Kopf größer als Billi.
Ihre Beine sind Spaghetti mit Kniescheiben.
Die Arme sehen aus wie die eines Weberknechts.
Der Weberknecht klettert an Hauswänden hoch.
Er ist ein nützliches Tier.

2. Ansage: 3. Schulstufe

Das Besondere an Lillis Haaren ist, dass sie vier dicke Zöpfe flechten kann.
Das Frisieren dieser Mähne ist nicht immer ein Vergnügen.
Lilli gibt ihren Haarbüscheln Namen.

1. Ansage: 4. Schulstufe

Mami hat einen quakenden Frosch aus der Hosentasche gezogen.
Der Schreianfall seiner Mutter störte Billi nicht.
Lilli bekommt einen Lachkrampf, wenn Billi mit seinen Ohren wackelt.
Sie wollen einen Berg ans Meer schieben.

2. Ansage: 4. Schulstufe

Lillis Vater begann herzhaft zu lachen.
Lilli fand dies gar nicht komisch.
Schließlich hing ihr ganzes Ferienglück an diesem Vorhaben.
Man kann alles erreichen, wenn man wirklich daran glaubt.
Manchmal braucht man etwas Ausdauer und Mut.
Die zwei kleinen Freunde durften so die Ferien gemeinsam verbringen.
Auch kleine Leute können Berge versetzen.

Lilli und Billi CD

Hörbuch		10:58
Fragen und Antworten		06:00
Erklärung der Ansage		00:36
1. Ansage	1. Schulstufe	04:42
2. Ansage	1. Schulstufe	05:50
1. Ansage	2. Schulstufe	06:50
2. Ansage	2. Schulstufe	07:30
3. Ansage	2. Schulstufe	06:30
1. Ansage	3. Schulstufe	07:30
2. Ansage	3. Schulstufe	06:52
1. Ansage	4. Schulstufe	05:30
2. Ansage	4. Schulstufe	08:16

Lernen macht Spaß
mit Audio CD's

Learn a lot for life

www.sunshine-events.com

Das kleine Einmaleins
Für die 1. bis 4. Schulstufe, das 1x1 bis 12x12.
Auch rückwärts, und das alles mit cooler Musik.

Vokabeln lernen mit cooler Musik und guter Laune!
Englisch Teil 1 bis 4
Italienisch Teil 1 bis 3
Latein Teil 1 und 2
Französisch Teil 1 und 2
Spanisch Teil 1 und 2

"Erfolgreich Singen" - Die wichtigsten Tipps und Übungen.
Gesangstraining mit Theorie und 70 % praktischen Übungen zum Nachsingen – bis zum Erarbeiten eines Songs. Mit wertvollen Tipps auf dem Weg zum erfolgreichen Sänger! Weitere Infos auf www.baghira.net